Isadoro Saturno

dear parent or guardian

Translated from Spanish by **E.R. Pulgar**

dear parent or guardian
© Isadoro Saturno, 2023
Translation and Translator's Note © E.R. Pulgar, 2023

Señal #21
ISBN 978-1-946604-06-4

First Edition, First Printing, 2023
550 copies

Ugly Duckling Presse
The Old American Can Factory
232 Third Street, #E-303
Brooklyn, NY 11215
uglyducklingpresse.org

Series design: Andrew Bourne
Typesetting: Rebekah Smith
Type: Chronicle Text
Printing and binding: Sheridan (Saline, Michigan)
Cover and fly leaf letterpress: Ugly Duckling Presse

This program is supported, in part, by public funds from the New York City Department of Cultural Affairs in partnership with the City Council, by an award from the National Endowment for the Arts, and by a Poetry Programs, Partnerships, and Innovation grant from the Poetry Foundation.

This translation is dedicated to
Monte Waylan Stevens Jr.,
to the boys in skirts,
y a las chicas transformistas.

I bow to you.

Et on se prend la main
Une fille au masculin
Un garçon au féminin

    Indochine, "3e sexe"

Quiero transformar, juntarme más, dejarme amar
Desde el momento en que me vi nacer

    Arca, "Luna Llena"

i go fast in the car
to school papi
you're puffing hard on she/garettes

get off that cloud
my teach/her says
let's read mamá he-bear papá she-bear
n their cubs

the belle rings loud
n you n you n you we play with me
step step stop
step stop step

run run against time
i fall n scrape my knee ouch
boo-hoo boo-boo get well soon

she's so tired he's all slow
some numbers crunched
i add the add/he/tions subtract the subtract/she/ons
i erase i erase

i draw a rabbit
hir fur so pretty
they tear hir from my hands
no drawing in class

ring ring
we're free we scream we're free
n you n you n you go home
kiss kiss chao

i wait
n wait
n wait
no pear don't care

i kick four peb/elles
they roll n roll
anot/he/r approach/she/s i see
their long body

Are you a boy or a girl?

ay mamá
what's the ans/her
at least you're almost hir
to save me from their claws

bro t/his heat
i'm not bro i'm mamá n
i before he except after t
yah yah yah

our old mitsubi/she
over he/eats on the road
mami so mad he gets off
fans the mot/her with cardboard

we get home
open the door storm comes
lick lick wag wag hey he/llo
what's for lunch

plátana
rice pilafa
boys stroganoff
i devour her whole

corazón salvaje on televi/she/on
stupid don't leave her
i kiss her
n leave on horseback

tucutún tucutún
i'm naked
on the she/foam
git along little dog/he

what was that just a dre/he/am
turn to page six/she/two
time for homework
follow instruc/she/ons

knock knock the door
who is it its abuela
did you bring me a gift abue
nah

comb your her
i comb my her
hard with the herbrush
i cry big tears

i am a head stretched
they put dress on me
i take off dress
n i put on my shirt

boots mustache shirt
a girl ready for church
abuela spray me with your perfume
n she does

in the name of the fat/her the sub
n the whole grain toast amén
i open myself to the lord
n two fish swim through me

i look at the man up there
sad clothes droop
when is this over shhh abuela says
hugs him/braces n it's over

i went to mess n now they buy me ice cream
miss mister whatcha got
i dive he/adfirst into the cart
don't touch dry ice burns

hello who is this it's Aníbal
cis it's Aníbal but wasn't your boyfriend Marcos
she hits me with her elle/bow in my ribs
ouch

hello who is this it's Marcos
cis it's Marcos
n my cister does that thing with her hands
hi Marcos my cister said to tell you she's not her

hello who is this it's Patricio
cis it's Patricio who is he
n my cister shoots me a smile
n they keep talking

with the herdryer go go go
with blush and masc-era go cis go
papi asks if she's going out again
again she says yes

she says this is Patricio hi nice to meet ya
look check out my cool handshake
palm squeeze fist bump toe to toe
psss at the end and he's got it

he gives her a rose
perfumed their eyes lock
i too want
elegance a suit a princess

shaving cream raze/her mir/her
i look to my left then my right
imitate mi papi
towel around his waist relaxed

what are you doing they yell outside
i hide i hide
i make like i'm swimming
in the sink wat/her

it's carnival n i'm Leonardo
ninja turtle i chop you up
hot as she/it in this costume
i take off my mask
i loosen my mane

i fan myself with a leaf
i sweat n sweat n
anot/he/r approach/he/s i see
their long body

Are you a boy or a girl?

i'm a girl girl girl girl
n i run home
i am not Leonardo

it's time for dinner
n the bread is the bread
n the juice is the juice

dear parent or guardian
the girl must wear a skirt not shorts
sincerely,

dear parent or guardian
we remind you that
the girl must wear a skirt not shorts
sincerely,

dear parent or guardian
skirt
not shorts

Translator's Note

Before transitioning, Isadoro Saturno was a little girl in Barquisimeto. Growing up to be a politically-active adult, he fled Venezuela in 2017 at the height of the country's upheaval. Now based in Miami, Saturno is a long way from the child who dreamed of being a telenovela hero. That tender pre-transition time is the focus of *estimado representante*. Written in 2021, this long poem unfolds through a series of experimental fragments. The title nods to a formal greeting Venezuelan parents saw upon opening letters from the principal. It translates into a phrase familiar to most parents in the northern part of the continent: *dear parent or guardian*.

These fragments gleefully contort the gendered foundations of Spanish by reversing the *o/a* binary that masculinizes or feminizes certain words. In this subtle move, Saturno lays bare the farce of gender in the language. He sets this rule from the start, when Papi's smoking a *cigarra* in the car—a feminization of *cigarro*, Spanish for cigarette — while dropping the speaker off at school.

As a translator, I was forced to think outside the box, turning to a predominant fixture of modern language: gender pronouns. By getting creative with phonetic and homophonic spellings to create new words and formatting them this way, I was able to maintain the humor and interrogation of gender the original text explores. This is how *cigarra* became *she/garette* and phrases like *el carrito vieja* became *our old mitsubi/she*. The only instance of "correct" grammar is the painful, frequent question trans and gender-fluid people are asked daily by strangers about "what they are".

What I fought hardest to convey, aside from Saturno's approach to gendered language, was his roots. As a fellow Venezuelan immigrant, I couldn't dream of not writing out the bastardized word *plátana* or not mentioning *Corazón salvaje* by name once Isadoro told me that was the novela that his family watched—in my Abuela Teresa's house, it was *El amor no tiene precio*. By centering these cultural specificities as I skewered English, I felt that in a small way I was going against a language that (like the original text's source language) laid the base for multiple countries built off the persecution of queer and trans folx, the backs of immigrants, the oppression of Black people, and the displacement of Indigenous peoples. While editing, I returned to a prescient quote by Dr. Angela Davis:

> "I don't think we would be where we are today—encouraging ever larger numbers of people to think within an abolitionist frame—had not the trans community taught us that it is possible

to effectively challenge that which is considered the very foundation of our sense of normalcy."

Translating Isadoro has freed me from language and gender conventions, from any rules I thought existed in order to faithfully translate a work. These fragments are a humorous queer coming-of-age tale and a scathing critique of the manifestation of the gender binary in childhood. Trans stories exist in childhood stories and should exist in the public imagination. Dream with us—just don't tell the principal.

I couldn't have made this alone. I owe a profound debt of gratitude to Isadoro Saturno—thank you for trusting me with your words. Thank you also to Eleonora Requena for first suggesting I reach out to him, and to Guillermo Parra, who is at the forefront of translating Venezuelan poets for new audiences and read a draft of this chapbook.

Thank you to Matvei Yankelevich for insightful comments on a fledgling draft—this translation would not have existed without you. My deepest thanks also to the community of translators at Columbia University, specifically Aiden Farrel, Jo Urtasun, Ry Cook, Nabila Wirakusumah, Rose DeMaris, and Susan Bernofsky. Thank you to Rebekah Smith and JD Pluecker for bringing this project to life and for wise editorial direction, and for Andrew Bourne for a beautiful design. Thank you to the Ugly Duckling Presse working collective—namely Marine Cornuet, Milo Wippermann, and Serena Solin—for their support through promo, production, and printing these stunning covers.

Thank you to Gabi Teitelbaum and Brian Pester for reading these at the beach. Thank you to Vanessa Bermudez, Deb Halpern, and Shaun Harris for teaching me how "skirt" is used in a sentence and teaching me all I know about divine femininity. Thank you to Monte Stevens, queen of the dolls. Thank you to Atika Chadha, for love and friendship that transcends language and gender.

Thank you to my parents Julio Rios and Maria Alejandra Pulgar. Thank you to my siblings Isabel and Miguel. Thank you, always, to my ancestors, particularly my Abuela Belkys. Es todo por ti, siempre lo fue.

— E.R. Pulgar, May 2023

Isadoro Saturno (Barquisimeto, Venezuela, 1987) is a poet, editor, and children's book writer living in Miami. In 2018, he published his first children's book *Conejo y Conejo* with Ediciones Ekaré, which won the Banco del Libro prize for Best Children and Young Adult book and in 2020 was translated into Chinese. His poems have appeared in various anthologies including PROVEA's *Poesía contra la opresión* (1920-2018) and were awarded third place in the II Rafael Cadenas Young Poets Prize.

E.R. Pulgar is a Venezuelan American poet, journalist, and translator. Their criticism has appeared in *Rolling Stone*, *Pitchfork*, *Playboy*, and elsewhere. Their poems have appeared or are forthcoming in *Fence*, *Changes Review*, *Epiphany*, *blush lit*, and *The Poetry Project Newsletter*. They were selected as a finalist for the 7th Rafael Cadenas Young Poets Prize and curate the Endless Blue salon series at the Bowery Poetry Club.

Isadoro Saturno (Barquisimeto, Venezuela, 1987) es un poeta, escritor de libros para niños, editor y traductor que vive en Miami. En 2018 publicó su primer libro para niños *Conejo y Conejo* con Ediciones Ekaré, que obtuvo el premio Los Mejores Libros para Niños y Jóvenes del Banco del Libro y que fue traducido al chino en 2020. Sus poemas son parte de varias antologías entre las que destacan *Poesía contra la opresión (1920-2018)*, publicada por PROVEA, y la publicación con motivo del 2o Premio de Poesía Joven Rafael Cadenas, en el que obtuvo el tercer lugar.

E.R. Pulgar (Caracas, Venezuela, 1996) es un poeta, periodista, y traductorx. Sus artículos han aparecido en forma impresa y digital en *Rolling Stone, Pitchfork, Playboy,* y otras revistas. Sus poems han sido o seran publicados en *Fence, Changes Review, Epiphany, blush lit,* and *The Poetry Project Newsletter*. Elle fue selecionadx como finalista para el 7mo Premio de Poesía Joven Rafael Cadenas y es curadorx de la serie salon cuir Endless Blue en el Bowery Poetry Club.

"No creo que estaríamos donde estamos hoy—alentando a cantidades más y más grandes de gente a pensar dentro de un punto de vista abolicionista—si la comunidad trans no nos hubiera enseñado que es posible efectivamente desafiar lo que es considerado la base misma de nuestra normalidad."

Traduciendo a Isadoro me ha liberado de convenciones de idioma y de género, de cualquier reglas que yo pensaba que existían para traducir un texto de manera fiel. Estos fragmentos son un cómico cuento de iniciación cuir y una crítica mordaz de la manifestación del binario de género en la niñez. Las historias trans existen en nuestras historias de niñez, y esas historias deberían existir en la imaginación pública. Sueña con nosotros—pero no le digas al director.

No hubiera podido hacer esto solo. Le debo una deuda profunda de gratitud a Isadoro Saturno—gracias por confiarme con tus palabras. Gracias a Eleonora Requena, por sugerir que le escribiera a Isadoro, y a Guillermo Parra, quien está al primer plano de traducir a poetas venezolanos para audiencias anglohablantes, y quien leyó una versión de este librito.

Gracias a Matvei Yankelevich por comentarios perspicaces en una versión inicial de este trabajo—esta traducción no hubiera existido sin tí. Mis gracias más profundas también a la comunidad de traductores en Columbia University—específicamente a Aiden Farrel, Jo Urtasun, Ry Cook, Nabila Wirakusumah, Rose DeMaris, y Susan Bernofsky. Gracias a Rebekah Smith y JD Pluecker por darle vida a este proyecto y por sabia instrucción editorial, y a Andrew Bourne por un diseño hermoso. Gracias al colectivo trabajador de Ugly Duckling Presse—específicamente a Marine Cornuet, Milo Wippermann, y Serena Solin—por su apoyo en promoción, producción, y en imprimir estas portadas de libro tan hermosas.

Gracias a Gabi Teitelbaum y a Brian Pester por leer estos fragmentos en la playa. Gracias a Vanessa Bermudez, Deb Halpern, y Shaun Harris por enseñarme cómo usar "falda" en una oración y enseñándome todo lo que sé sobre el divino femenino. Gracias a Monte Stevens, la reina de las muñecas. Gracias a Atika Chadha, por amor y amistad que trascienden idioma y género.

Gracias a mis padres Julio Rios y Maria Alejandra Pulgar. Gracias a mis hermanos Isabel y Miguel. Gracias, siempre, a mis ancestros, particularmente a mi Abuela Belkys. Es todo por ti, siempre lo fue.

— E.R. Pulgar, mayo de 2023

La Nota del traductor

Antes de su transición, Isadoro Saturno fue una niñita en Barquisimeto. Creció a ser un adulto políticamente activo, y se fue de Venezuela en el 2017 a la altura de la agitación en el país. Ahora basado en Miami, Saturno hace tiempo que ya no es la chica que soñaba con ser héroe de telenovela. Esos años tiernos pre-transición son el enfoque de *estimado representante*. Escrito en el 2021, este poema largo se desarrolla a través de una serie de fragmentos experimentales. El título hace referencia a un saludo formal que padres venezolanos veían al abrir cartas del director. La frase traducida es una con la cual muchos padres en el norte del continente también están familiarizados: *dear parent or guardian*.

Estos fragmentos alegremente contorsionan la fundación del español por vía de invertir el binario o/a que masculiniza o feminiza ciertas palabras. Esta regla esta present desde el comienzo, cuando Papi esta fumando un(a) cigarra en el carro mientras lleva a su chamx a la escuela.

Como traductor, me tocó pensar más allá, y recurrí a un modo predominante del lenguaje moderno: los pronombres de género. Poniéndome creativx con ortografía fonética y homofónica para crear palabras nuevas en este formato hizo posible mantener el humor y la investigación de género que explora el texto original Es así que *cigarra* se convierte en *she/garette* y frases como *el carrito vieja* se convierten en *our old mitsubi/she*. El único instante de gramática "correcta" es la pregunta dolorosa y frecuente que se le pregunta a diario a gente trans y de género fluido por extraños sobre "lo que son".

Lo que más luche para transmitir en esta traducción, además de la perspectiva hacia el género que usa Saturno en el escrito, fueron sus raíces. Como un inmigrante Venezolano más, no soñaba con borrar la palabra bastarda *plátana* en la traducción al inglés o no mencionar *Corazón salvaje* por nombre después de que Isadoro me dijo que esa era la novela que se veía en su casa—en la casa de mi Abuela Teresa, era *El amor no tiene precio*. Centrando detalles culturales como estos mientras destruía al idioma inglés me hizo sentir que que de una manera pequeña estaba yendo en contra de un idioma que (como el idioma original del texto) se usó como la base en la cual muchos países se construyeron a base de la persecución de gente cuir y trans, las espaldas de inmigrantes, la opresión de la gente negra, y el desplazamiento de la gente indígena. Mientras editaba, regresaba a una cita presciente de la Dra. Angela Davis:

estimado representante
la niña debe traer falda no short
atentamente,

estimado representante
le recordamos que
la niña debe traer falda no short
atentamente,

estimado representante
falda
no short

¿Eres niña o niño?, pregunta.

soy niña niña niña niña
y corro hasta la casa
no soy Leonardo

es hora de la cena
y el pan es el pan
y el jugo es el jugo

crema de afeitar hojilla espeja
miro a un lado al otro lado
y hago como mi papi
toalla en la cintura relajado

qué estás haciendo gritan desde afuero
escondo escondo
hago como si nado
en el agua del lavamanas

es carnaval y yo soy Leonardo
tortuga ninja te pico en pedacitos
qué calora este disfraz
me saco la careta
me sale la melena

me echo aire con una hoja
sudo sudo y
un otro se acerca le veo
el cuerpito largo

aló quién es es Patricio
te llama Patricio quién es él
y mi hermana me lanza una sonrisito
y ahí siguen hablando

con el secadora de pela dale dale
mi hermana dale dale rubor y rimel
papi pregunta otra vez si va a salir
ella otra vez sí

me presenta a Patricio mucho gusto
mira te enseño mi saludo
apretón palmada puñito pie con pie
psss al final y se la aprende

él le da una rosa
perfumada y se miran
yo también quiero
paltó elegancia y princesa

miro al hombre allá arriba
triste le escurre la ropa
cuánto falta shhh me dice la abuela
abrazo abraza y se acaba

yo fui a misa y ahora me compran el helado
señor señora qué tiene
y meto la cabezo en el carrito
no toque el hielo seco quema

aló quién es es Aníbal
te llama Aníbal y tu novio no era Marcos
y mi hermana me golpea con la coda en la costilla
auch

aló quién es es Marcos
te llama Marcos
y mi hermana hace así con la mano
aló Marcos mi hermana dice que no está

péinate
me peina
duro con la cepilla
se me salen lagrimones

quedo estirado de la cabeza
me ponen vestido
me quito vestido
y me pongo mi camisa

camiso bigote bota
estoy lista para ir a misa
abuela ponme tu perfume
y así lo hace

en el nombre del pan del hijo
del elefante amén
tengo la puerta abierta hacia el señor
y pasa un pez y otro pez

a toda volumen suena la novela
no la dejes tonto
yo la beso
y me voy en el caballo

tucutún tucutún
voy desnudo
sobre el espuma del mar
arre arre

qué fue esa solo un sueño
abra las hojas
a hacer tarea
escriba ahí los oraciones

suena alga es la puerta
quiénes es es la abuela
qué me trajiste abue
nada

brother qué calor
no soy brother soy mamá
y antes de p y b va eme ok
ok sí siempre

el carrito vieja
en la camina se recalienta
mami bravísimo se baja
aire aire al motora con un cartón

llegamas a la casa
abre la puerta y sale tormento
lame lame mueve la cola hola holo
qué hay de comer

plátana
arroza
carna asada
me la devora toda

pateo los cuatro piedritas
que ruedan y ruedan
un otro se acerca le veo
el cuerpito largo

¿Eres niña o niño?, pregunta.

ay mamá
cuál es el respuesta
menos mal ya vas llegando
me rescatas de estos garros

qué cansado toda lento
unos números aplastados
suma la sumo resta la resto
borro borro

dibujo un conejo
qué bella su pelaje
hasta que se dan cuento y me la arrebatan
no se dibuje en clases punto

ring ring otra vez
somos libres gritamos
y tú y tú y tú se van a sus casas
chao beso chao

aquí espero
y espero
y espero
ni una pera

voy en el carro rápida
al colegio papi
tú cigarra cigarra un humero

salga de esa nube
me dice la maestro
leemos mamá oso papá osa
y los oseznos

la timbra suena ring durísima
y tú y tú y tú jugamos conmigo
pisa pisa piso
pisa piso pisa

corra corra contra el tiempo
y me caigo en los rodillos auch
sano sana rabita de rana

A mis amados y estimados representantes:
Angel, Aida, María Alejandra y Angela

estimado representante
© Isadoro Saturno, 2023
Traducción y Nota del traductor © E.R. Pulgar, 2023

Señal #21
ISBN 978-1-946604-06-4

Primera edición, Primera impresión, 2023
550 ejemplares

Ugly Duckling Presse
The Old American Can Factory
232 Third Street, #E-303
Brooklyn, NY 11215
uglyducklingpresse.org

Diseño gráfico de la serie: Andrew Bourne
Composición tipográfica: Rebekah Smith
Tipografía: Chronicle Text
Impresión y encuadernación: Sheridan (Saline, Michigan)
Impresión tipográfica de la tapa y de las guardas: Ugly Duckling Presse

Este programa es financiado, en parte, por fondos públicos del Departamento
de Asuntos Culturales de la Ciudad de Nueva York en colaboración con el
Concejo Municipal, por un premio del National Endowment for the Arts y por
una subvención de los Programas, Asociaciones e Innovación de Poesía de la
Poetry Foundation.

Isadoro Saturno

estimado representante

SEÑAL